— LA DIFFUSION CATÉCHISTIQUE - LYON · MAME - TARDY —

À la rencontre du Seigneur

Tu es notre Dieu
nous sommes ton peuple

1. Dieu se fait connaître
2. La réponse de l'homme
3. Jésus Christ, le vrai visage du Père
4. En Dieu, la communication devient communion

SEIGNEUR tu nous appelles 12-13 ANS

Auteur : La Diffusion Catéchistique-Lyon

Marie-Thérèse Pinson, Odile Hermann, Père Antoine De Moismont, Père Gilbert Brun (diocèse de Lyon) ; Germaine Dujoux (diocèse d'Annecy) ; Dominique Bartnig (diocèse de Saint-Claude).

Remerciements : Père Jean Peycelon, Patiaré Bergeret, Hélène Cartron (diocèse de Lyon), Isabelle Morel (diocèse de Besançon), Chantal Dumery (diocèse de Nevers) ; les personnes qui ont accepté de relire ce module, les animateurs et les jeunes qui l'ont expérimenté.

Illustrations : Julie Olivier (couverture, pp. 17, 20, jalons personnels) ; Grégoire Bonne (pp. 3, 5-7, 23) ; Gilles Weissmann (p. 21).

Iconographie : © Getty images (p. 4) ; www.istockphoto.com (pp. 8, 12-13) ; © Tim Graham Photo Library/Getty images (p. 9) ; © De Agostini/Getty Images (p. 10) ; © D. Revaud (p. 12) ; © Aurora/Getty images (p. 12) ; © Glow/Getty images (p. 13) ; © Pascal Deloche/Godong/Corbis (p. 13) ; © akg-images/Rabatti – Domingie (p. 14) ; © Fleur Nabert-Christ ressuscité, église Saint-Adrien de Courbevoie, 2010 (p. 15) ; Icône de Roublev, © akg-images (p. 17) ; © Wojtek BUSS/CIRIC (p. 18) ; © Corinne SIMON/CIRIC (p. 18) ; © GODONG contact@godong-photo.com (p. 19).

Direction artistique : Élisabeth Hebert
Conception graphique : Amélie Hosteing
Mise en pages : Hélène Poitral

Nihil Obstat, Père Bruno Bataillon, 10 avril 2013
Imprimatur à usage catéchétique, Cardinal Philippe Barbarin, archevêque de Lyon, 10 avril 2013.

www.fleuruseditions.com • www.alarencontreduseigneur.fr

« Loi n° 49-956 du 16 juillet 1949 sur les publications destinées à la jeunesse. »
ISBN : 978-2-7105-0539-6 • MDS : 538028 • N° d'édition : 13063
Photogravure : AQuatre
Achevé d'imprimer par Edelvives (Espagne) en mai 2013
Dépôt légal : juin 2013

Moïse et le buisson ardent

« Je suis le Dieu de ton père, Dieu d'Abraham, Dieu d'Isaac, Dieu de Jacob. » Exode 3, 6

Partage en équipe

Lisez le passage de l'Exode 3, 1-8 et répondez aux questions suivantes :

- Qu'avez-vous découvert de Dieu ?
- Qu'est-ce qui est clair ? Précis ? Qu'est-ce qui est plus flou, « voilé » ?

Lisez ensuite le passage de l'Exode 3, 9-17 et répondez aux questions suivantes :

- Qu'est-ce que ce nouveau passage nous dit de Dieu, de son Nom ?
- Qu'est-ce qu'il nous dit de son projet pour son peuple et pour les hommes ?
- Qu'est-ce qui est clair ? Précis ? Qu'est-ce qui est plus flou, « voilé » ?

Réflexion personnelle

« Je suis votre Dieu » dit le Seigneur.

- Comment accueilles-tu cette affirmation de Dieu ?

Dieu attend la réponse de l'homme

Prière en équipe

Psaume 135, 1-5 , 11-13 et 25-26

Rendez grâce au Seigneur : il est bon, éternel est son amour !
Rendez grâce au Dieu des dieux, éternel est son amour !
Rendez grâce au Seigneur des seigneurs, éternel est son amour !
Lui seul a fait de grandes merveilles, éternel est son amour !
Lui qui fit les cieux avec sagesse, éternel est son amour !
[...]
et fit sortir Israël de leur pays, éternel est son amour !
d'une main forte et d'un bras vigoureux, éternel est son amour !
Lui qui fendit la mer Rouge en deux parts, éternel est son amour !
[...]
À toute chair, il donne le pain, éternel est son amour !
Rendez grâce au Dieu du ciel, éternel est son amour !

▶ Invente une phrase dans le style du psaume, disant l'action de Dieu dans ta vie, et en terminant par "éternel est son amour !".

Jalon personnel

- Qu'as-tu découvert de Dieu dans cette étape ?
- Quels sont les moments ou les lieux où il te parle à toi aussi ?

Réponds dans ton agenda.

Le Veau d'or (Exode 32, 1-20)

Pendant ce temps, Moïse est encore sur la montagne du Sinaï. Le Seigneur lui apprend comment le peuple se comporte.
Va, descends, ton peuple s'est perverti. Ils se sont fabriqué un veau en métal et se sont prosternés devant lui. Ma colère va s'enflammer ! Je vais les engloutir.
Moïse apaise le visage du Seigneur.
Pourquoi, Seigneur, ta colère s'enflammerait-elle contre ton peuple que tu as libéré ? Reviens de l'ardeur de ta colère et n'oublie pas tes promesses faites à tes serviteurs Abraham, Isaac et Jacob !
Le Seigneur renonça au mal qu'il avait voulu faire à son peuple. Moïse, accompagné de Josué, descend de la montagne.

Les tables de la loi, écrites sur les deux faces, sont l'œuvre de Dieu, pour vivre son alliance.
On dirait des clameurs de bataille !
Non ! Ce sont des cantiques !
Moïse s'enflamme de colère et brise les tables.
Il se saisit du veau d'or et le brûle.
Moïse verse les cendres de la statue brûlée dans de l'eau qu'il fait boire aux fils d'Israël.

Chemins de foi, d'ombre et de lumière

Vivre en alliance avec Dieu, dans la fidélité, n'est pas toujours facile... Certains obstacles existent comme l'ignorance, l'indifférence, l'oubli, la non-écoute, le refus de Dieu, les fausses images de Dieu, les idoles, etc.

Pourquoi ne ressent-on pas toujours la présence de Dieu ?

Dans l'itinéraire spirituel, et beaucoup de saints comme Benoît, Ignace, Thérèse d'Avila ou Jean de la Croix en témoignent, il y a des temps de purification de la foi. Cela se caractérise par une succession de lumière puis d'aridité, de sécheresse. Cela peut se traduire par un sentiment d'absence de Dieu, par l'absence de sensibilité de Dieu dans la prière. C'est normal et connu. Les mystiques ont souvent traversé cette « nuit de la foi ».

Mais dans la spiritualité chrétienne, celui qui, de nuit, continue de marcher, approche sans le savoir de Dieu qui demeure toujours l'Inconnaissable.

"Où est ma foi ?
Tout au fond de moi,
où il n'y a rien
d'autre que le vide
et l'obscurité.
Mon Dieu,
que cette souffrance
inconnue est
douloureuse,
je n'ai pas la foi."

Aveu de Mère Teresa

Mère Teresa (1910-1997) et les pauvres des bidonvilles

Connue dans le monde entier pour son œuvre missionnaire et son dévouement envers tous ceux qui se trouvent dans des conditions de souffrance et de désespoir, Mère Teresa fonde en 1948 l'ordre des Missionnaires de la Charité. Mère Teresa, apôtre de l'amour auprès des plus pauvres, béatifiée par Jean-Paul II le 19 octobre 2003, a connu une profonde et très longue nuit de la foi.

Saint Jean de la Croix (1542- 1591)

Après ses études, Jean devient religieux carme. Voulant consacrer sa vie en devenant chartreux, il fait la rencontre de Thérèse d'Avila qui lui demande de prendre en charge l'ordre masculin du Carmel. Jean de la Croix vivra une forte expérience mystique, connue comme celle de la « nuit obscure » qu'il décrit et développe tout au long de sa vie à travers des livres dans lesquels il cherche à décrire le chemin des âmes vers Dieu.

"Ce sont les sécheresses qui font avancer l'âme dans la voie du pur amour de Dieu."

"Tout est étroit pour cette âme [...] Les ténèbres où elle se trouve l'affligent de doutes et de craintes [...] Néanmoins, au milieu de ces peines qui proviennent des ténèbres et de l'amour, l'âme sent en elle une certaine présence amie avec une certaine force qui l'accompagnent partout et la soutiennent."

Sainte Thérèse de Lisieux (1873-1897) entre au Carmel à l'âge de 15 ans. Elle tombe gravement malade et guérit en voyant la statue de la Vierge, placée dans sa chambre, lui sourire. Thérèse recherche l'humilité en tout. Pour lutter contre ses faiblesses, elle découvre qu'il ne faut pas les regarder en se lamentant, mais s'appliquer à vivre avec amour les plus petites choses du quotidien. Sa nuit spirituelle, à la fin de sa vie, est une façon de porter l'athéisme des temps modernes.
Elle s'abandonne, confiante, entre les mains de Dieu.

Tu peux également lire dans *Seigneur, apprends-nous à prier* pp. 140-141 la vie de sainte Thérèse de Lisieux qui, elle aussi, a connu une nuit spirituelle.

"Aimer c'est tout donner et se donner soi-même."

Jalon personnel

- **Quels sont tes obstacles et tes difficultés pour vivre en alliance avec Dieu ?**
- **Comment penses-tu pouvoir les surmonter ?**
- **Écris sur le veau à découper à la page 23 puis colle-le dans ton agenda.**

Quel verset te parle le mieux de Jésus ?

« Moi, je suis la vraie vigne, et mon Père est le vigneron. » Jean 15, 1

« Moi, je suis le bon pasteur ; je connais mes brebis, et mes brebis me connaissent. » Jean 10, 14

« Moi, je suis la porte. Si quelqu'un entre en passant par moi, il sera sauvé. » Jean 10, 9

« Moi, je suis la lumière du monde. Celui qui me suit ne marchera pas dans les ténèbres, il aura la lumière de la vie. » Jean 8, 12

« Moi, je suis le pain de la vie. Celui qui vient à moi n'aura plus jamais faim ; celui qui croit en moi n'aura plus jamais soif. » Jean 6, 35

« Moi, je suis le Chemin, la Vérité et la Vie ; personne ne va vers le Père sans passer par moi. » Jean 14, 6

« Moi, je suis la résurrection et la vie. Celui qui croit en moi, même s'il meurt, vivra. » Jean 11, 25

Jésus, visage du Père

Nativité, Fra Angelico (1387-1455)

Ne soyez donc pas bouleversés :
vous croyez en Dieu, croyez aussi en moi.
Dans la maison de mon Père, beaucoup peuvent trouver
leur demeure ; sinon, est-ce que je vous aurais dit :
Je pars vous préparer une place ?
Quand je serai allé vous la préparer, je reviendrai
vous prendre avec moi ; et là où je suis, vous y serez aussi.
Pour aller où je m'en vais, vous savez le chemin. »
Thomas lui dit : « Seigneur, nous ne savons même pas
où tu vas ; comment pourrions-nous savoir le chemin ? »
Jésus lui répond : « Moi, je suis le Chemin, la Vérité et la Vie ;
personne ne va vers le Père sans passer par moi.
Puisque vous me connaissez, vous connaîtrez aussi mon Père.
Dès maintenant vous le connaissez, et vous l'avez vu. »
Philippe lui dit : « Seigneur, montre-nous le Père ; cela nous suffit. »
Jésus lui répond : « Il y a si longtemps que je suis avec vous,
et tu ne me connais pas, Philippe ! Celui qui m'a vu a vu le Père.
Comment peux-tu dire : "Montre-nous le Père" ? Tu ne crois
donc pas que je suis dans le Père et que le Père est en moi !
Les paroles que je vous dis, je ne les dis pas de moi-même ;
mais c'est le Père qui demeure en moi, et qui accomplit
ses propres œuvres.
Croyez ce que je vous dis :
je suis dans le Père, et le Père est en moi.

Jn 14, 1-11a

La communion fraternelle

La «diaconie» de l'Église, c'est l'exercice de la charité et de la solidarité envers ceux qui en ont besoin, particulièrement les plus pauvres.

Partage en équipe

- Connaissez-vous, autour de vous, des personnes qui participent à la diaconie de l'Église et au service de leurs frères ?
- Comment, aujourd'hui et concrètement, pouvons-nous, à notre âge et là où nous sommes, participer à cette communion d'amour souhaitée par Dieu ?

Jalon personnel

Compose une courte prière à Dieu, pour lui dire comment tu accueilles son amour, sa communion et sa paix.

Fabrique ton icône !

1. Découpe l'icône page 21.

2. Découpe une plaque de bois issue d'une vraie planche (et non de contreplaqué) légèrement plus grande que l'image et rabote-la pour arrondir les angles.

3. Avec une bougie, un petit chalumeau ou un briquet, brûle très légèrement la plaque de bois ainsi que les bords de l'image.

4. Si le bois est trop clair, applique une teinture qui s'accorde bien avec l'image.

5. Étale de la colle régulièrement sur toute la surface de la planche avec un pinceau. Applique précisément et fixe l'image avec une brosse au travers d'une autre feuille de papier.

6. Avec un pinceau plat, passe sur l'image et son cadre un vernis gras à vieillir qui constituera la sous-couche du revêtement final. Laisse sécher totalement.

7. Applique du vernis craqueleur. Les craquelures apparaîtront au séchage et finiront par donner un air ancien et authentique à l'icône.

8. Ponce les bords de l'image pour qu'elle se fonde dans le bois et teinte la ligne blanche avec un feutre.

9. Place éventuellement une attache au dos qui permettra de l'accrocher au mur ou pose-la sur un mini-trépied de peintre.

I C

Qu'est-ce qui peut être un obstacle
dans ta relation à Dieu ?